el colegio - škola	2
el viaje - putovanje	5
el transporte - transport	8
la ciudad - grad	10
el paisaje - pejsaž	14
el restaurante - restoran	17
el supermercado - supermarket	20
las bebidas - napitci	22
la comida - jelo	23
la granja - seosko gazdinstvo	27
la casa - kuća	31
el living - dnevna soba	33
la cocina - kuhinja	35
el baño - kupaonica	38
el cuarto de los chicos - dečija soba	42
la ropa - odeća	44
la oficina - kancelarija	49
la economía - ekonomija	51
las ocupaciones - zanimanja	53
las herramientas - alati	56
los instrumentos musicales - muzički instrument	57
el zoológico - zoološki vrt	59
los deportes - sport	62
las actividades - aktivnosti	63
la familia - porodica	67
el cuerpo - telo	68
el hospital - bolnica	72
la emergencia - hitni slučaj	76
la Tierra - zemlja	77
el reloj - sat	79
la semana - sedmica	80
el año - godina	81
las formas - oblici	83
colores - boje	84
los opuestos - suprotnosti	85
los números - brojevi	88
los idiomas - jezici	90
quién / qué / cómo - ko / šta / kako	91
dónde - gde	92

AF234893

Impressum
Verlag: BABADADA GmbH, Nedderfeld 112 , 22529 Hamburg
Geschäftsführer / Verlagsleitung: Harald Hof
Druck: Books on Demand GmbH, In de Tarpen 42, 22848 Norderstedt

Imprint
Publisher: BABADADA GmbH, Nedderfeld 112 , 22529 Hamburg, Germany
Managing Director / Publishing direction: Harald Hof
Print: Books on Demand GmbH, In de Tarpen 42, 22848 Norderstedt

el colegio
škola

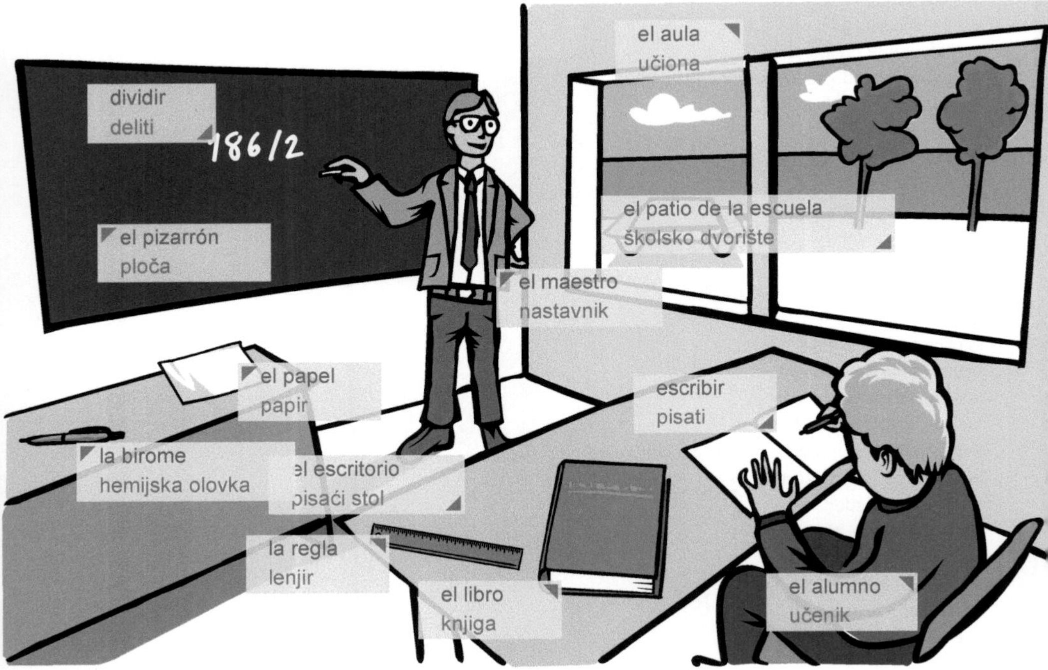

el aula
učiona
dividir
deliti
186/2
el pizarrón
ploča
el patio de la escuela
školsko dvorište
el maestro
nastavnik
el papel
papir
escribir
pisati
la birome
hemijska olovka
el escritorio
pisaći stol
la regla
lenjir
el libro
knjiga
el alumno
učenik

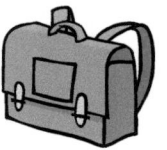

la mochila

torba

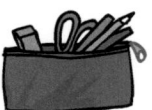

la caja de lápices

pernica

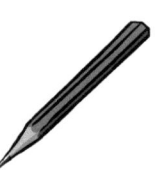

el lápiz

grafitna olovka

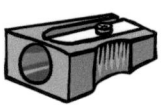

el sacapuntas

šiljilo za olovke

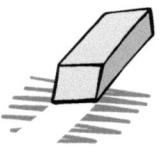

la goma (de borrar)

gumica za brisanje

el bloc de dibujo

blok za crtanje

el dibujo

crtež

el pincel

kist

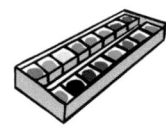

la caja de pinturas

kutija sa bojama

la tijera

makaze

el pegamento

lepilo

el cuaderno de ejercicios

beležnica

la tarea

domaći zadatak

el número

broj

sumar

sabirati

restar

oduzimati

multiplicar

množiti

calcular

računati

la letra

slovo

el abecedario

abeceda

la palabra

reč

el texto

tekst

leer

čitati

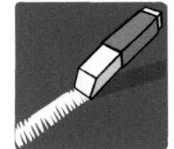

la tiza

kreda

la lección

čas

el cuaderno de clase

dnevnik

el examen

ispit

el certificado

svedočanstvo

el uniforme escolar

školska uniforma

la educación

obrazovanje

la enciclopedia

leksikon

la universidad

univerzitet

el microscopio

mikroskop

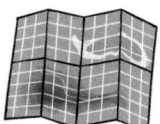

el mapa

karta

el tacho (de basura)

košara za papir

el colegio - škola

el viaje

putovanje

el hotel
hotel
Grand
el hostel
prenoćište
ROOMS
la casa de cambio
menjačnica
la valija
kofer
el auto
auto

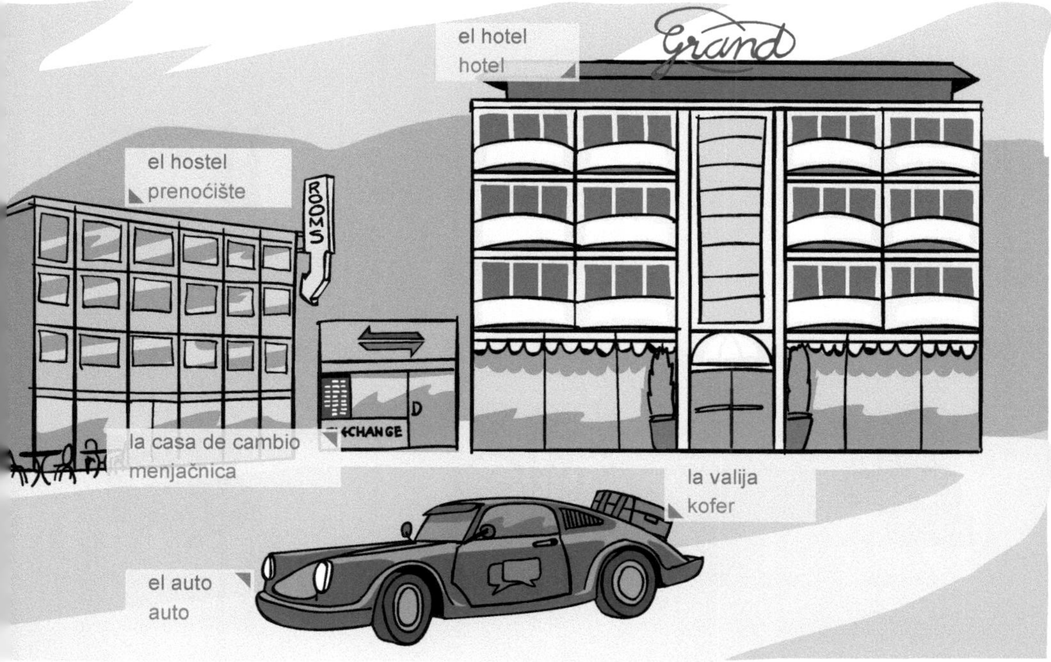

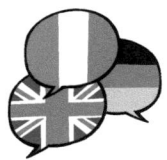

el idioma

jezik

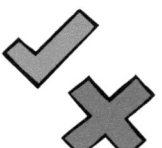

sí / no

da / ne

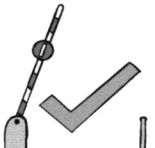

Está bien

okej

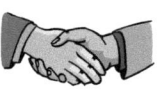

hola

zdravo

el traductor

prevodilac

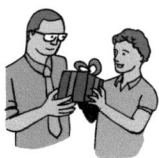

Gracias

hvala

¿cuánto cuesta…?

Koliko košta…?

No entiendo

ne razumem

el problema

problem

¡Buenas tardes!

dobro veče!

¡Buenos días!

Dobro jutro!

¡Buenas noches!

Laku noć!

el adiós

doviđenja

la dirección

smer

el equipaje

prtljaga

el bolso

torba

la mochila

ruksak

el invitado

gost

la habitación

soba

la bolsa de dormir

vreća za spavanje

la carpa

šator

la información turística

turističke informacije

la playa

plaža

la tarjeta de crédito

kreditna kartica

el desayuno

doručak

el almuerzo

ručak

la cena

večera

el pasaje

karta za vožnju

el ascensor

lift

el sello

poštanska markica

la frontera

granica

la aduana

carina

la embajada

ambasada

la visa

viza

el pasaporte

pasoš

el transporte

transport

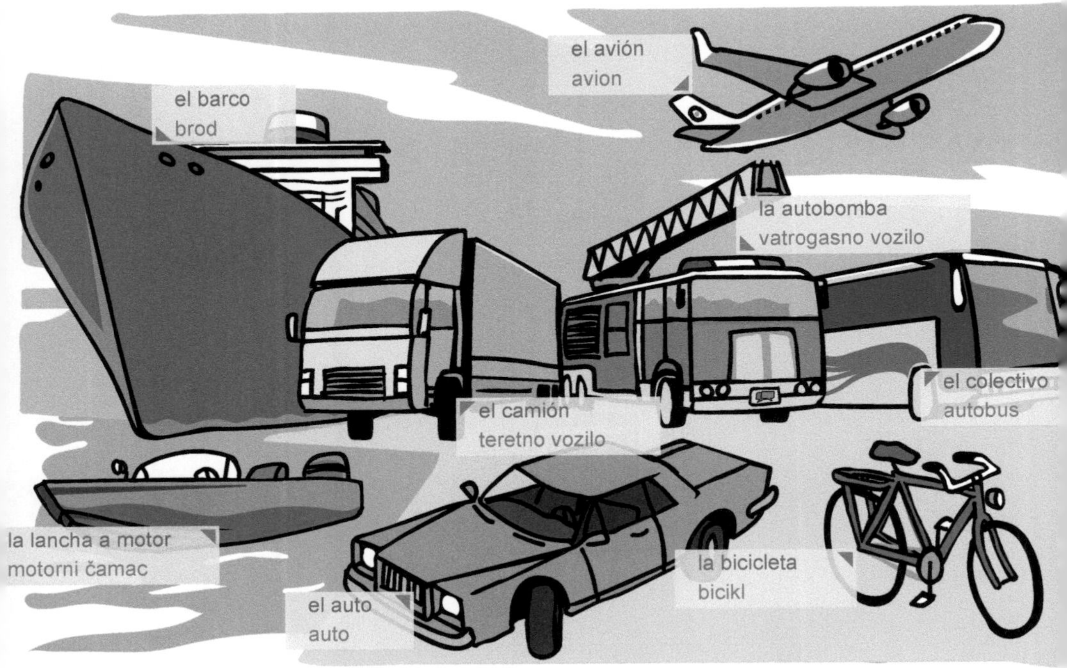
el avión
avion
el barco
brod
la autobomba
vatrogasno vozilo
el colectivo
autobus
el camión
teretno vozilo
la lancha a motor
motorni čamac
la bicicleta
bicikl
el auto
auto

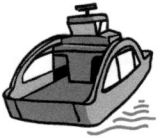

el ferry

trajekt

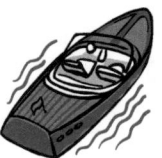

el bote

čamac

la moto

motocikl

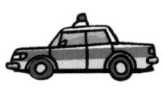

el patrullero

policijski auto

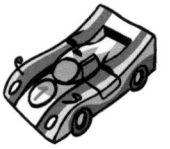

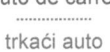

el auto de carreras

trkaći auto

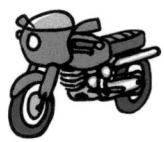

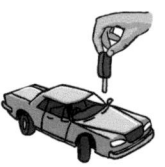

el auto de alquiler

iznajmljeno auto

el alquiler de autos

delenje automobila

la grúa

vučno vozilo

el camión de la basura

vozilo za odvoz smeća

el motor

motor

la nafta

benzin

la estación de servicio

benzinska stanica

la señal de tránsito

saobraćajni znak

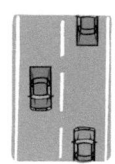

el tránsito

saobraćaj

el embotellamiento

zastoj

el estacionamiento

parkiralište

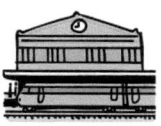

la estación de tren

železnička stanica

las vías

šine

el tren

voz

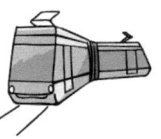

el tranvía

tramvaj

el vagón

vagon

el helicóptero

helikopter

el aeropuerto

aerodrom

la torre

kula

el pasajero

putnik

el contenedor

kontejner

la caja de cartón

karton

la carretilla

kolica

la canasta

korpa

despegar / aterrizar

uzleteti / sleteti

la ciudad

grad

el pueblo

selo

el centro de la ciudad

centar grada

la casa

kuća

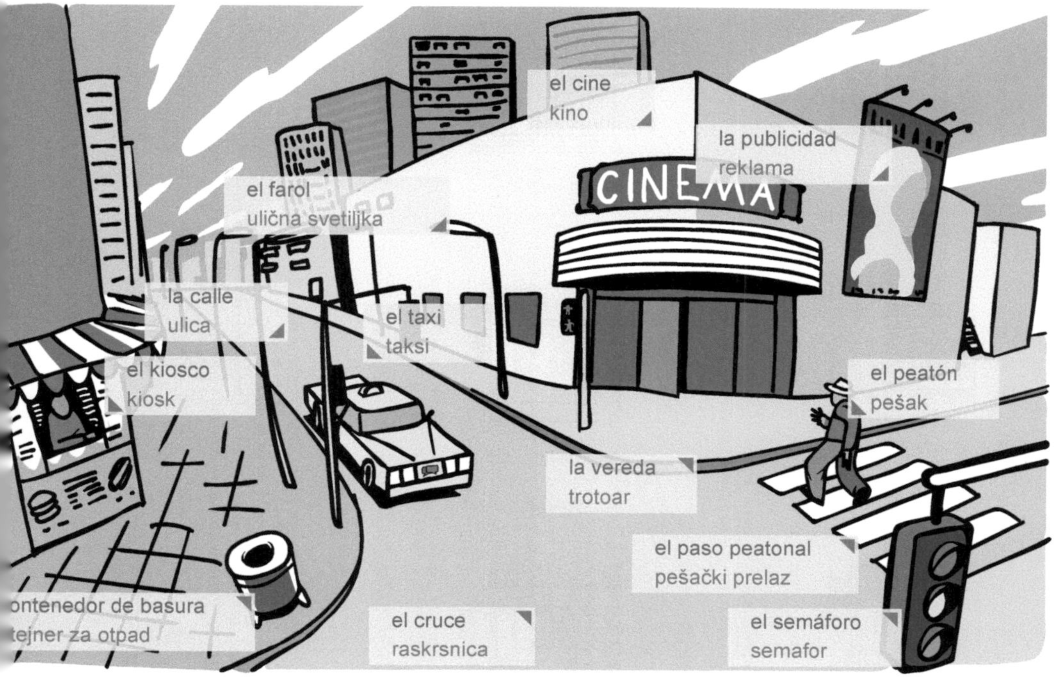
el cine
kino
la publicidad
reklama
CINEMA
el farol
ulična svetiljka
la calle
ulica
el taxi
taksi
el kiosco
kiosk
el peatón
pešak
la vereda
trotoar
el paso peatonal
pešački prelaz
ontenedor de basura
tejner za otpad
el cruce
raskrsnica
el semáforo
semafor

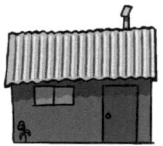

la cabaña

koliba

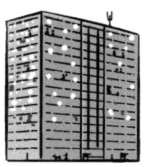

el departamento

stan

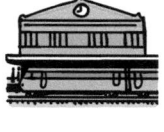

la estación de tren

železnička stanica

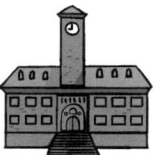

la municipalidad

većnica

MUSEUM

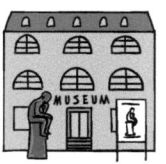

el museo

muzej

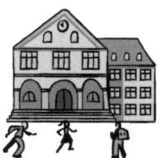

el colegio

škola

la universidad

univerzitet

el banco

banka

el hospital

bolnica

el hotel

hotel

la farmacia

apoteka

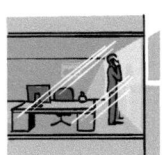

la oficina

kancelarija

la librería

knjižara

el negocio

prodavnica

la florería

cvećara

el supermercado

supermarket

el mercado

trg

las grandes tiendas

robna kuća

la pescadería

ribarnica

el centro comercial

trgovački centar

el puerto

luka

el parque
park

el banco
klupa

el puente
most

las escaleras
stepenice

el subte
podzemna železnica

el túnel
tunel

la parada del colectivo
autobuska stanica

el bar
bar

el restaurante
restoran

el buzón
poštansko sanduče

el letrero
ulični znak

el parquímetro
parkirni automat

el zoológico
zoološki vrt

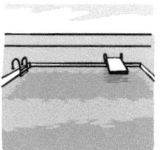

la pileta
bazen

la mezquita
džamija

la granja

seosko gazdinstvo

la contaminación

zagađenje okoline

el cementerio

groblje

la iglesia

crkva

los juegos infantiles

igralište

el templo

hram

el paisaje

pejsaž

la hoja
list

el poste indicador
putokaz

el camino
put

la pradera
livada

la piedra
kamen

el árbol
drvo

el excursionista
šetač

el río
reka

la hierba
trava

la flor
cvijet

el paisaje - pejsaž

el valle

dolina

la montaña

planina

el lago

jezero

el bosque

šuma

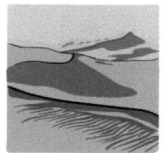

el desierto

pustinja

el volcán

vulkan

el castillo

dvorac

el arco iris

duga

el champiñón

gljiva

la palmera

palma

el mosquito

moskito

la mosca

muva

la hormiga

mrav

la abeja

pčela

la araña

pauk

el escarabajo

buba

la rana

žaba

la ardilla

veverica

el erizo

jež

la liebre

zec

la lechuza

sova

el pájaro

ptica

el cisne

labud

el jabalí

divlja svinja

el ciervo

jelen

el alce

los

la presa

nasip

el aerogenerador

vetrenjača

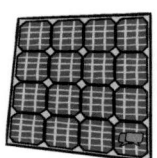

el panel solar

solarna ploča

el clima

klima

el restaurante

restoran

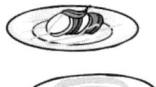

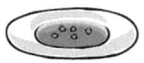

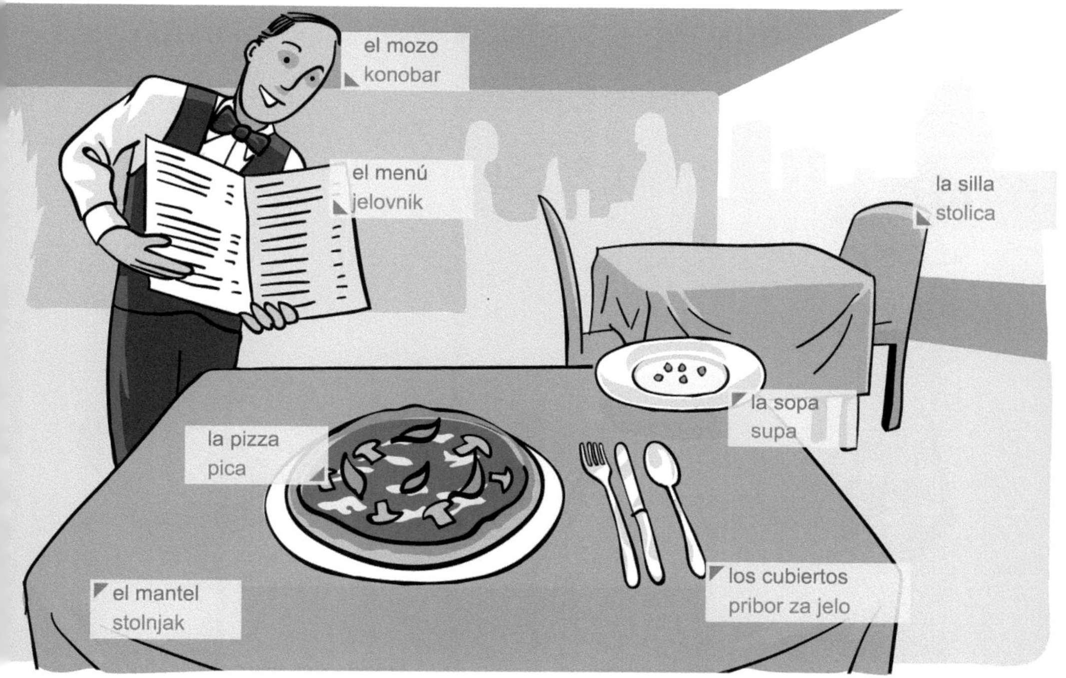

el mozo
konobar
el menú
jelovnik
la silla
stolica
la sopa
supa
la pizza
pica
el mantel
stolnjak
los cubiertos
pribor za jelo

la entrada

predjelo

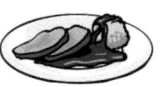

el plato principal

glavno jelo

el postre

desert

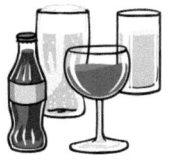

las bebidas

napitci

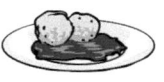

la comida

jelo

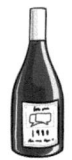

la botella

flaša

la comida rápida

brza hrana

la comida callejera

imbis hrana

la tetera

čajnik

la azucarera

doza za šećer

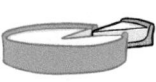

la porción

porcija

la cafetera expreso

aparat za espresso

la sillita alta

visoka stolica

la cuenta

račun

la bandeja

poslužavnik

el cuchillo

nož

el tenedor

viljuška

la cuchara

kašika

la cucharita

čajna kašika

la servilleta

salveta

el vaso

čaša

el plato

tanjir

el plato hondo

tanjir za supu

el plato

tanjirić

la salsa

sos

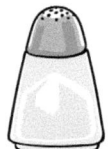

el salero

soljenka

el molinillo de pimienta

mlin za biber

el vinagre

sirće

el aceite

ulje

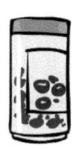

las especias

začini

el kétchup

kečap

la mostaza

senf

la mayonesa

majoneza

el supermercado
supermarket

la oferta especial
ponuda
FOR
el cliente
kupac
los lácteos
mlečni proizvodi
la fruta
voće
el changuito
kolica za kupovinu

BUTCHERS

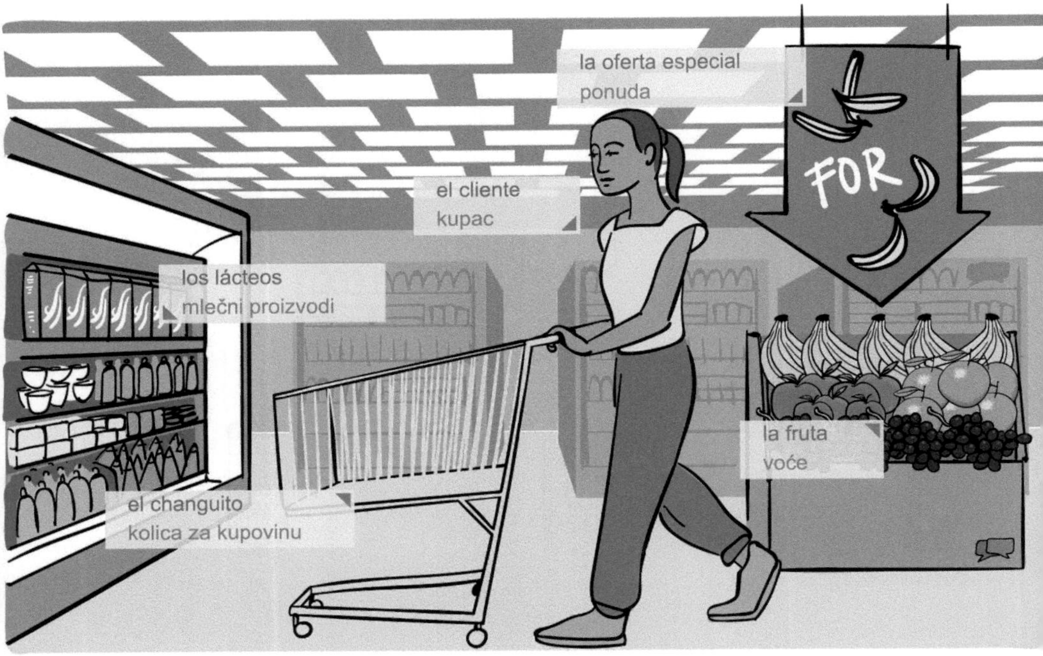

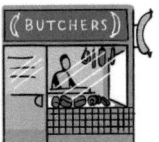

la carnicería

mesnica

BAKERY

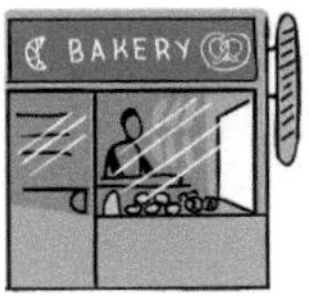

la panadería

pekara

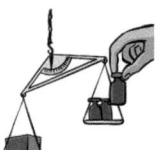

pesar

vagati

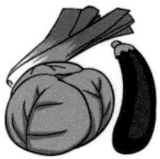

las verduras

povrće

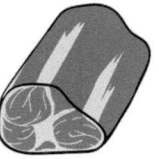

la carne

meso

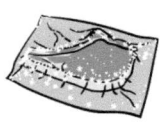

los alimentos congelados

smrznuta hrana

los fiambres
narezak

los alimentos enlatados
konzerve

el detergente en polvo
sredstvo za pranje

las golosinas
slatkiši

los electrodomésticos
artikli za domaćinstvo

los productos de limpieza
sredstva za čišćenje

la vendedora
prodavačica

la caja
blagajna

el cajero
blagajnik

la lista de compras
lista za kupovinu

el horario de atención
vreme rada

la billetera
novčanik

la tarjeta de crédito
kreditna kartica

la cartera
torba

la bolsa de plástico
plastična kesa

el agua
....
voda

el jugo
....
sok

la leche
....
mleko

la bebida cola
....
kola

el vino
....
vino

la cerveza
....
pivo

el alcohol
....
alkohol

el cacao
....
kakao

el té
....
čaj

el café
....
kava

el café expreso
....
espresso

el cappuccino
....
cappuccino

la banana

banana

la manzana

jabuka

la naranja

narandža

el melón

lubenica

el limón

limun

la zanahoria

šargarepa

el ajo

beli luk

el bambú

bambus

la cebolla

luk

el champiñón

gljiva

las nueces

orašasti plodovi

los fideos

rezanci

los tallarines
....
špagete

el arroz
....
riža

la ensalada
....
salata

las papas fritas
....
pomfrit

las papas fritas
....
pečeni krumpir

la pizza
....
pica

la hamburguesa
....
hamburger

el sándwich
....
sendvič

el churrasco
....
šnicla

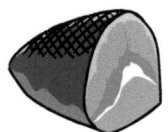

el jamón
....
šunka

el salame
....
salama

la salchicha
....
kobasica

el pollo
....
kokoš

el asado
....
pečenje

el pescado
....
riba

los copos de avena

zobene pahuljice

el muesli

musli

los copos de maíz

kukuruzne pahuljice

la harina

brašno

la medialuna

kroasan

el pancito

pecivo

el pan

hleb

la tostada

toast

las galletitas

keksi

la manteca

maslac

la cuajada

sveži sir

la torta

kolač

el huevo

jaje

el huevo frito

jaje na oko

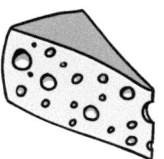

el queso

sir

el helado

sladoled

el azúcar

šećer

la miel

med

la mermelada

marmelada

la pasta de chocolate

nugat krema

el curry

kari

la granja
seosko gazdinstvo

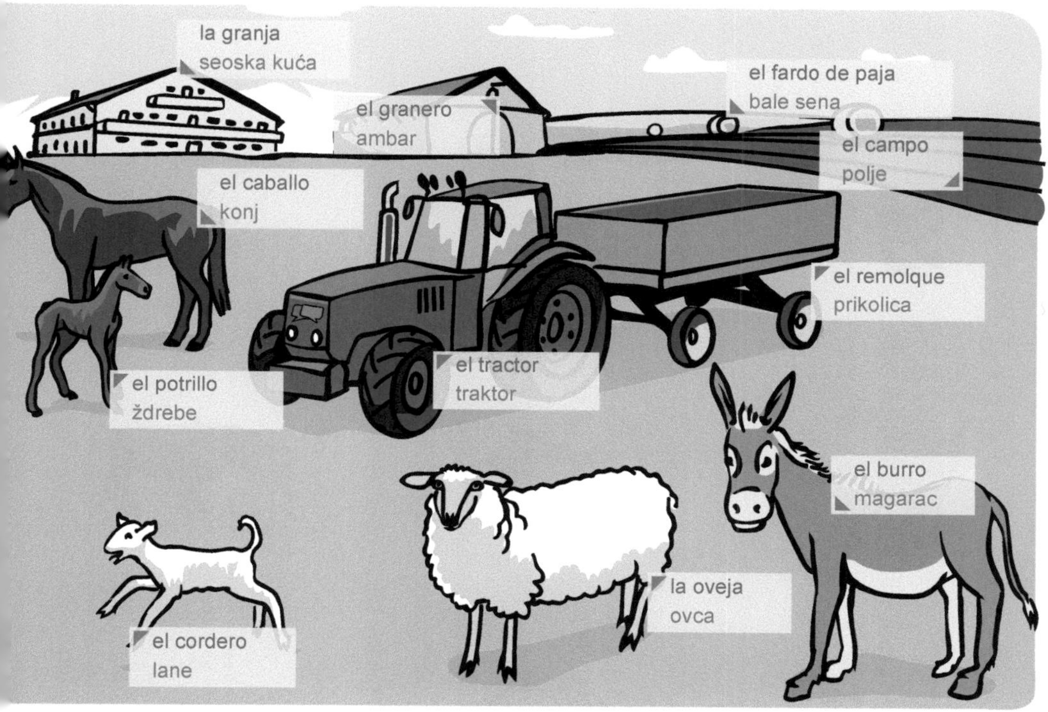
la granja
seoska kuća
el granero
ambar
el fardo de paja
bale sena
el campo
polje
el caballo
konj
el remolque
prikolica
el tractor
traktor
el potrillo
ždrebe
el burro
magarac
la oveja
ovca
el cordero
lane

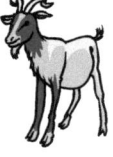

la cabra
koza

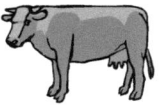

la vaca
krava

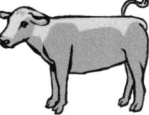

el ternero
tele

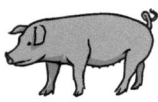

el cerdo
svinja

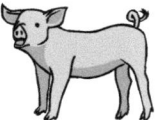

el lechón
prase

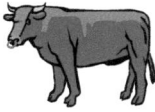

el toro
bik

el ganso

guska

el pato

patka

el pollo

pilići

la gallina

kokoš

el gallo

petao

la rata

pacov

el gato

mačka

el ratón

miš

el buey

vol

el perro

pas

la cucha

kućica za psa

la manguera

vrtno crevo

la regadera

kanta za polivanje

la guadaña

kosa

el arado

plug

la hoz

srp

la azada

motika

la horquilla

viljuška za đubrivo

el hacha

sekira

la carretilla

tačke

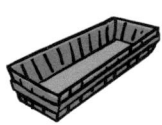

el abrevadero

korito

la lechera

posuda za mleko

la bolsa

vreća

la reja

ograda

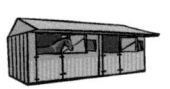

el establo

štala

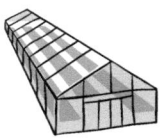

el invernadero

staklenik

el suelo

zemlja

la semilla

seme

el fertilizador

đubrivo

la cosechadora

kombajn

cosechar

žeti

la cosecha

žetva

las batatas

jams začin

el trigo

pšenica

la soja

soja

la papa

krumpir

el maíz

kukuruz

la semilla de colza

uljana repica

el árbol frutal

voćka

la mandioca

gomolj manioke

los cereales

žitarice

la casa

kuća

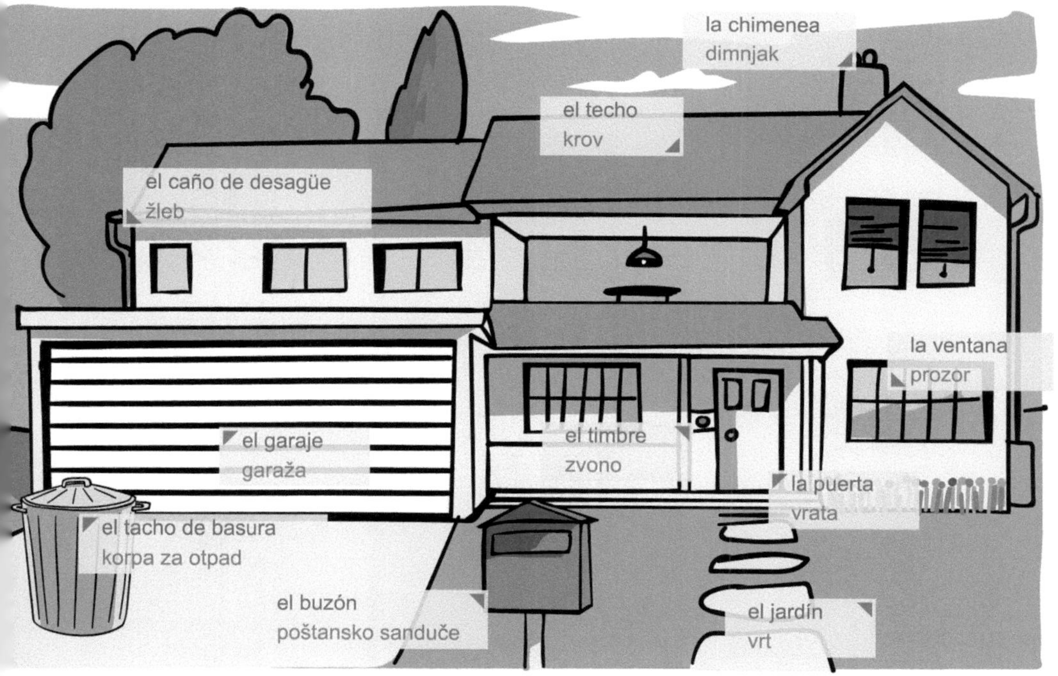

la chimenea
dimnjak
el techo
krov
el caño de desagüe
žleb
la ventana
prozor
el garaje
garaža
el timbre
zvono
la puerta
vrata
el tacho de basura
korpa za otpad
el buzón
poštansko sanduče
el jardín
vrt

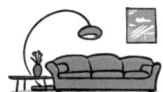

el living

dnevna soba

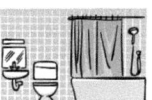

el baño

kupaonica

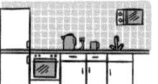

la cocina

kuhinja

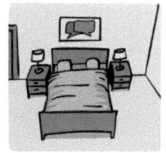

el dormitorio

spavaća soba

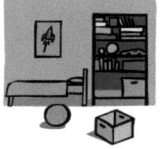

el cuarto de los chicos

dečija soba

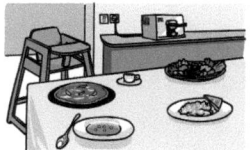

el comedor

trpezarija

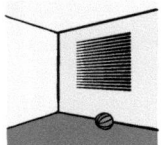

el piso

pod

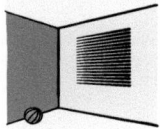

la pared

zid

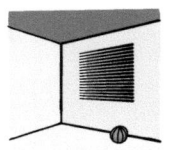

el cielorraso

strop

el sótano

podrum

el sauna

sauna

el balcón

balkon

la terraza

terasa

la pileta

bazen

la cortadora de pasto

kosilica za travu

la sábana

posteljina za krevet

el acolchado

deka za krevet

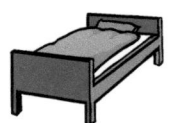

la cama

krevet

la escoba

metla

el balde

kanta

el interruptor

prekidač

el living
dnevna soba

el empapelado
tapeta
la imagen
slika
la lámpara
svetiljka
el estante
regal
el armario
ormar
la televisión
televizija
la chimenea
kamin
la flor
cvijet
el almohadón
jastuk
el sofá
kauč
el florero
vaza
el control remoto
daljinski upravljač

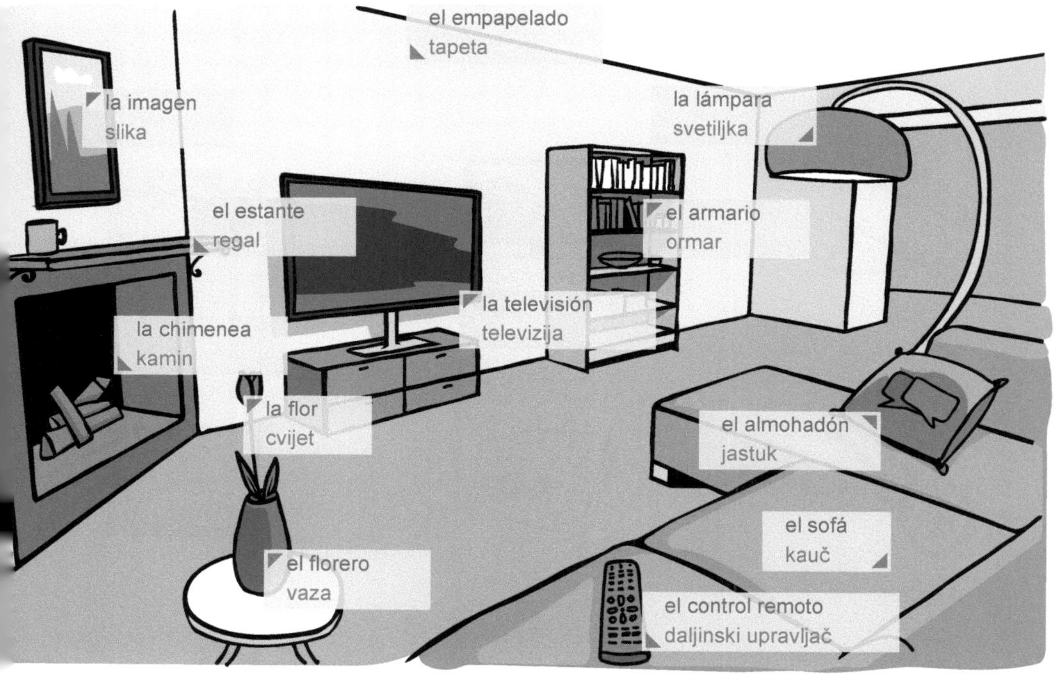

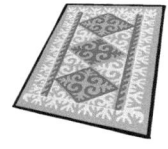

la alfombra

tepih

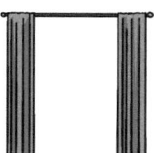

la cortina

zavesa

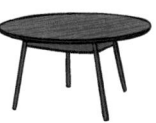

la mesa

sto

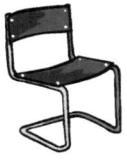

la silla

stolica

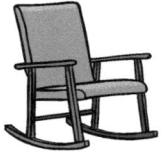

la mecedora

stolica za njihanje

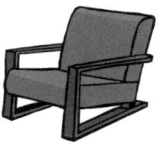

el sillón

fotelja

el libro

knjiga

la frazada

deka

la decoración

dekoracija

la leña

drvo za ogrev

la película

film

el equipo de música

hi-fi uređaj

la llave

ključ

el diario

novine

la pintura

slika na platnu

el póster

poster

la radio

radio

el cuaderno

blok za pisanje

la aspiradora

usisivač

el cactus

kaktus

la vela

sveća

la cocina
kuhinja

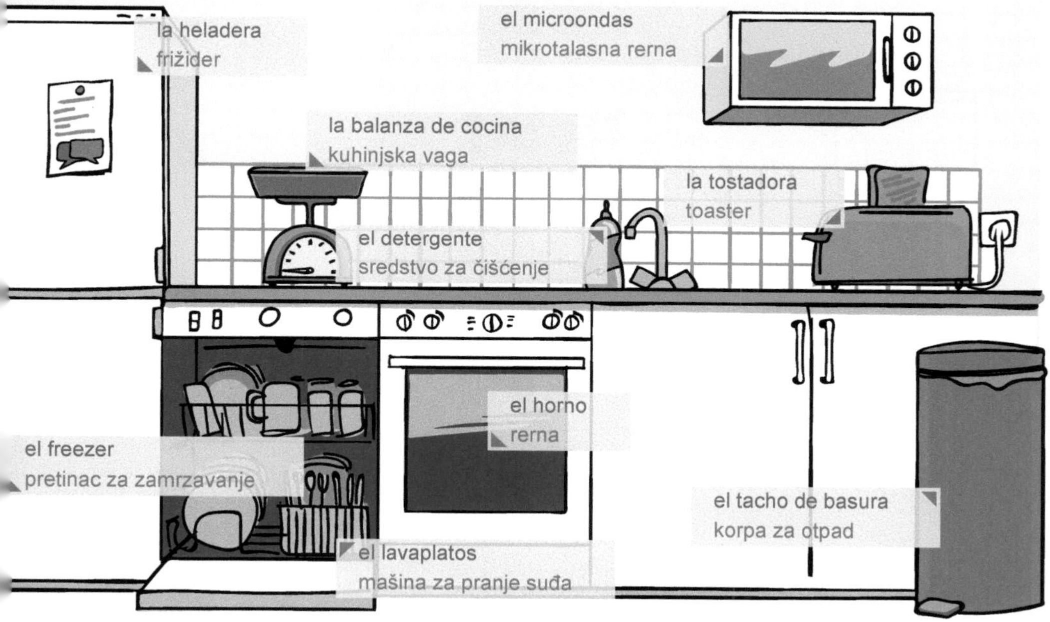
la heladera
frižider
el microondas
mikrotalasna rerna
la balanza de cocina
kuhinjska vaga
la tostadora
toaster
el detergente
sredstvo za čišćenje
el horno
rerna
el freezer
pretinac za zamrzavanje
el tacho de basura
korpa za otpad
el lavaplatos
mašina za pranje suđa

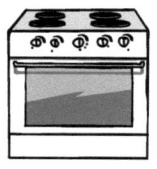

la cocina

šporet

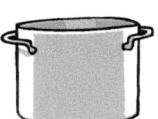

la olla

lonac

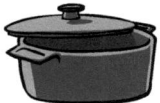

la olla de hierro fundido

gvozdeni lonac

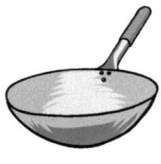

el wok

wok / kadai

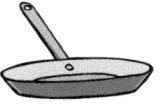

la sartén

tava

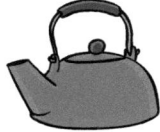

la pava

kuvalo za vodu

la vaporera

kuvalo na paru

la bandeja de horno

lim za pečenje

la vajilla

posuđe

la taza

čaša

el bol

posuda

los palitos

štapići za jelo

el cucharón

kutlača

la espátula

lopatica

la batidora

penjača

el colador

sito za kuvanje

el colador

sito

el rallador

ribež

el mortero

mužar

la parrilla

roštilj

la fogata

ognjište

la tabla de picar

daska

el palo de amasar

oklagija

el sacacorchos

vadičep

la lata

konzerva

el abrelatas

otvarač konzervi

la manopla

krpa za lonac

la pileta

sudoper

el cepillo

četka

la esponja

sunđer

la batidora

mikser

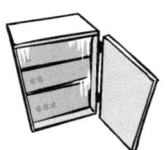

el congelador

zamrzivač

la mamadera

flašica za bebe

la canilla

slavina za vodu

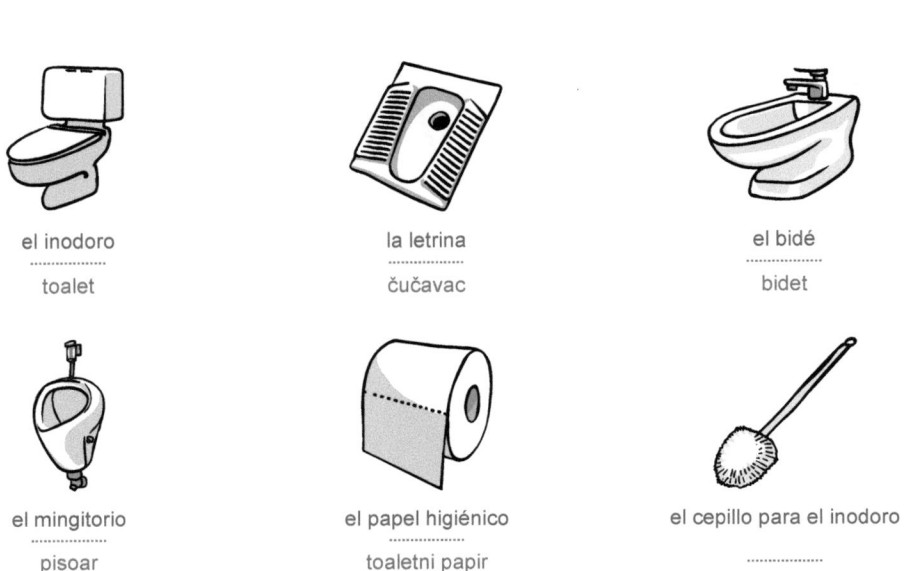

el baño

kupaonica

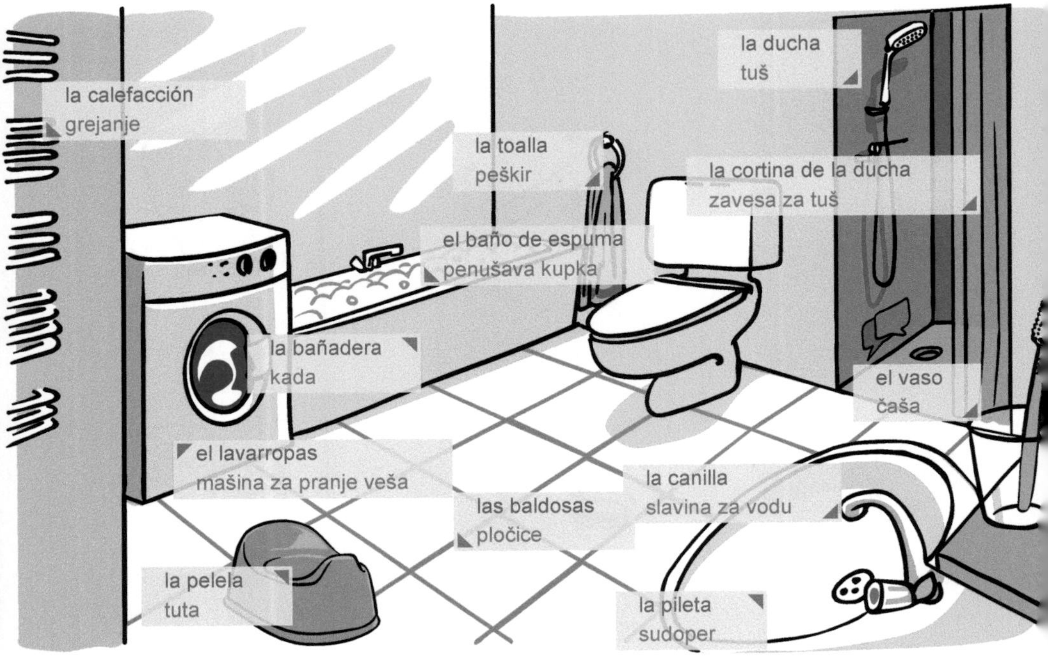

la calefacción
grejanje
la toalla
peškir
la ducha
tuš
la cortina de la ducha
zavesa za tuš
el baño de espuma
penušava kupka
la bañadera
kada
el vaso
čaša
el lavarropas
mašina za pranje veša
la canilla
slavina za vodu
las baldosas
pločice
la pelela
tuta
la pileta
sudoper

el inodoro

toalet

la letrina

čučavac

el bidé

bidet

el mingitorio

pisoar

el papel higiénico

toaletni papir

el cepillo para el inodoro

četka za toalet

el cepillo de dientes

četkica za zube

el dentífrico

pasta za zube

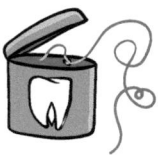

el hilo dental

konac za zube

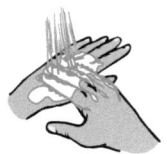

lavar

prati

la ducha de mano

tuš ručica

la ducha higiénica

tuš za pranje intimnih delova

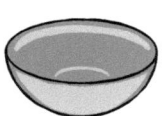

la palangana

lavor

el cepillo para la espalda

četka za pranje leđa

el jabón

sapun

el gel de ducha

gel za tuširanje

el shampoo

šampon

la toallita

krpa za pranje

el desagüe

odvod

la crema

krema

el desodorante

dezodorans

el espejo

oogledalo

el espejito

kozmetičko ogledalo

la maquinita de afeitar

brijač

la espuma de afeitar

pena za brijanje

el aftershave

losion za posle brijanja

el peine

češalj

el cepillo

četka

el secador de pelo

fen za kosu

el spray

sprej za kosu

el maquillaje

makeup

el lápiz de labios

ruž za usne

el esmalte para uñas

lak za nokte

el algodón

vata

la tijera para uñas

makaze za nokte

el perfume

parfem

el portacosméticos

kozmetička torbica

la banqueta

stolica

la balanza

vaga

la bata

ogrtač

los guantes de goma

rukavice za čišćenje

el tampón

tampon

la toallita femenina

uložak

el baño químico

hemijski toalet

el cuarto de los chicos

dečija soba

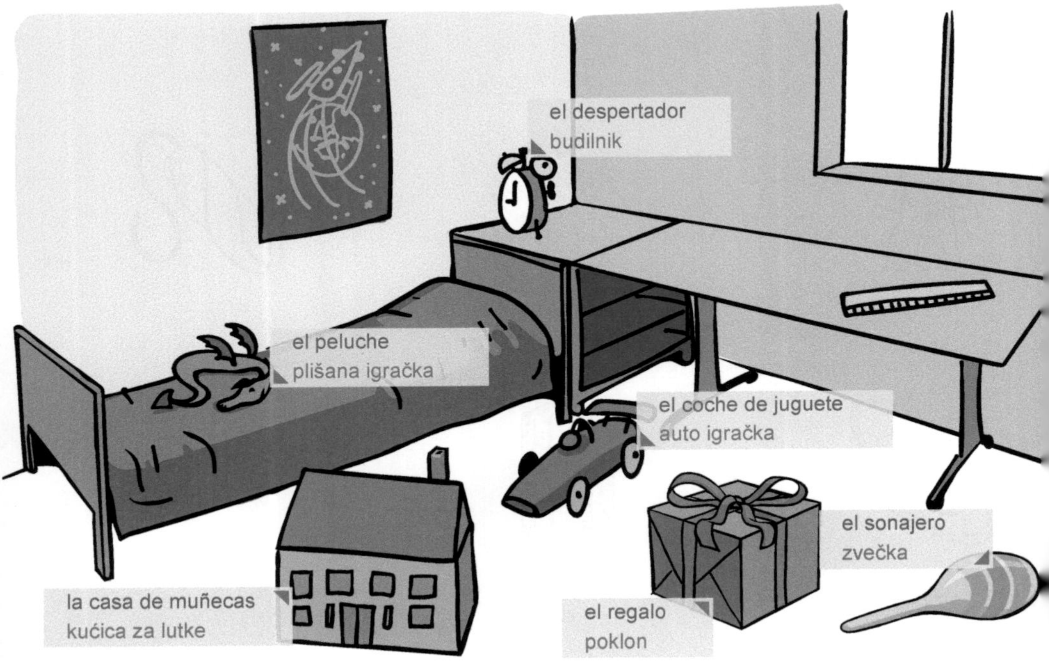
el despertador
budilnik
el peluche
plišana igračka
el coche de juguete
auto igračka
el sonajero
zvečka
la casa de muñecas
kućica za lutke
el regalo
poklon

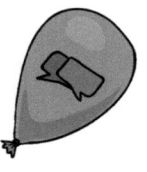

el globo

balon

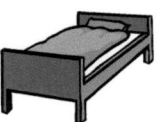

la cama

krevet

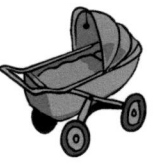

el cochecito

dječija kolica

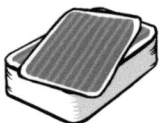

las cartas

igra s kartama

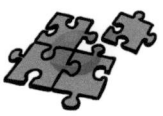

el rompecabezas

slagalica

SUPER MEGA

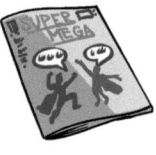

la historieta

strip

las piezas de lego

lego kockice

los ladrillos de juguete

kockice za slaganje

la figura de acción

akcioni junak

el enterito (de bebé)

benkica za bebe

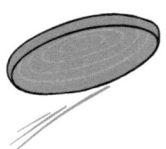

el frisbee

frizbi

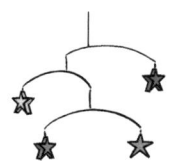

el móvil para bebés

viseće igračke

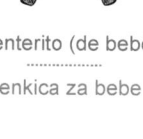

el juego de mesa

društvene igre

los dados

kocka

el tren eléctrico

minijaturna željeznica

el chupete

duda

la fiesta

zabava

el libro de cuentos ilustrado

slikovnica

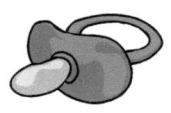

la pelota

lopta

la muñeca

lutka

jugar

igrati

el arenero

pješčanik

la hamaca

ljuljačka

los juguetes

igračka

la consola de videojuegos

konzola za igre

el triciclo

tricikl

el osito de peluche

tedi

el armario

ormar

la ropa

odeća

las medias

kratke čarape

las medias panty

čarape

las calzas

hulahopke

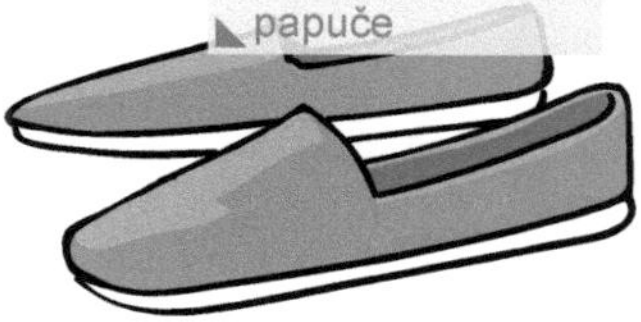

la bufanda
šal

el paraguas
kišobran

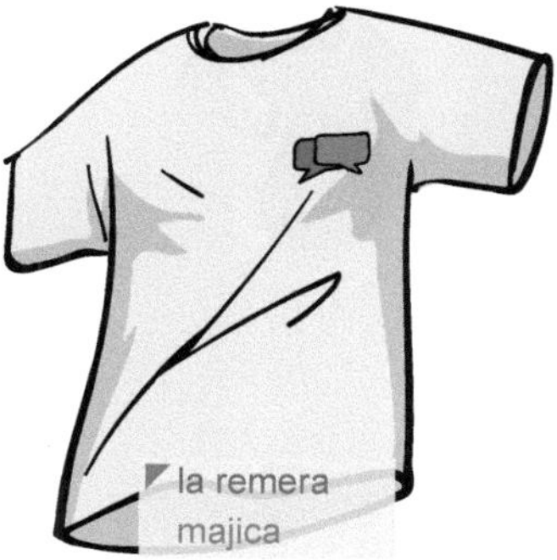

la remera
majica

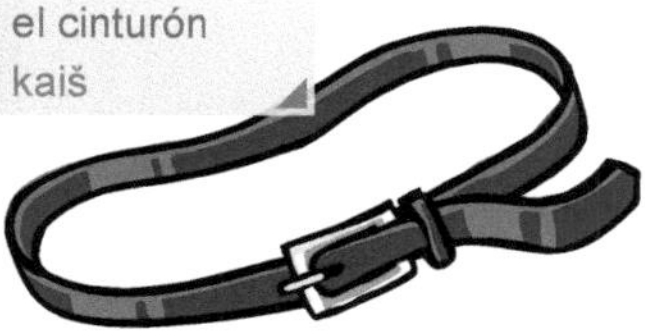

el cinturón
kaiš

las botas
čizme

las pantuflas
papuče

las zapatillas
patike

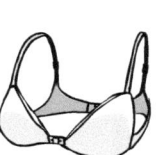

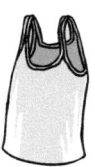

las sandalias

sandale

los zapatos

cipele

las botas de goma

gumene čizme

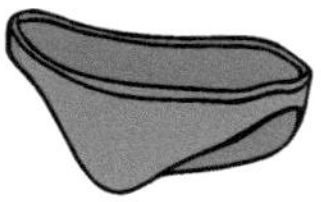

la ropa interior

gaćice

el corpiño

grudnjak

el chaleco

potkošulja

el body
bodi

los pantalones
pantalone

los jeans
farmerke

la pollera
suknja

la blusa
bluza

la camisa
košulja

el pulóver
džemper

el buzo
džemper s kapuljačom

el blazer
sako

la campera
jakna

el tapado
kaput

el piloto
kabanica

el traje
kostim

el vestido
haljina

el vestido de novia
venčanica

el traje
odelo

el camisón
spavaćica

el pijama
pidžama

el sari
sari

el pañuelo para la cabeza
marama za glavu

el turbante
turban

la burka
burka

el caftán
kaftan

la abaya
abaja

el traje de baño
kupaći kostim

el short de baño
kupaće gaćice

los shorts
kratke pantalone

el jogging
odeća za trening

el delantal
kecelja

los guantes
rukavice

el botón

dugme

los anteojos

naočare

la pulsera

narukvica

el collar

ogrlica

el anillo

prsten

el aro

naušnica

la gorra

kapa

la percha

vešalica

el sombrero

šešir

la corbata

kravata

el cierre

patent zatvarač

el casco

kaciga

los tiradores

naramenice

el uniforme escolar

školska uniforma

el uniforme

uniforma

el babero

podbradak

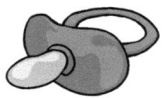

el chupete

duda

el pañal

pelena

la oficina
kancelarija

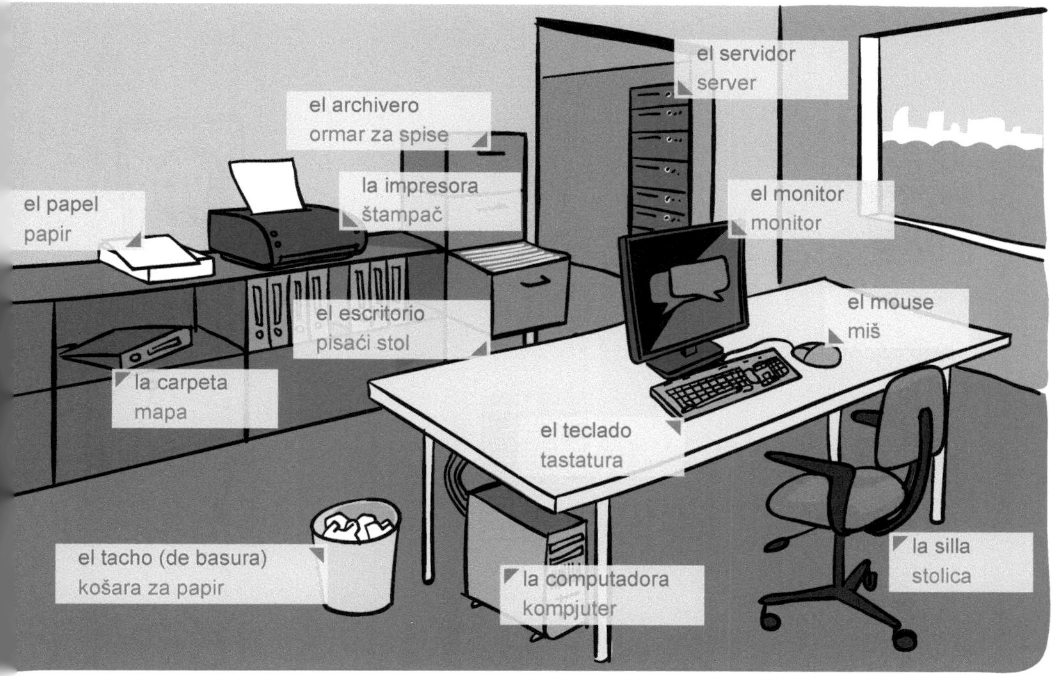

el servidor
server

el archivero
ormar za spise

la impresora
štampač

el papel
papir

el monitor
monitor

el escritorio
pisaći stol

el mouse
miš

la carpeta
mapa

el teclado
tastatura

el tacho (de basura)
košara za papir

la computadora
kompjuter

la silla
stolica

la taza de café

šalica za kavu

la calculadora

kalkulator

el internet

internet

la laptop

laptop

la carta

pismo

el mensaje

poruka

el celular

mobilni telefon

la red

mreža

la fotocopiadora

uređaj za kopiranje

el software

softver

el teléfono

telefon

el tomacorriente

utičnica

el fax

faks

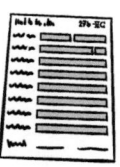

el formulario

formular

el documento

dokument

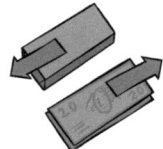

comprar

kupovati

pagar

platiti

hacer negocios

trgovati

el dinero

novac

 USD

el dólar

dolar

 EUR

el euro

evro

JPY

el yen

jen

RUB

el rublo

rublja

CHF

el franco suizo

švajcarski franak

CNY

el yuan

renmindbi juan

INR

la rupia

rupija

el cajero automático

automat za novac

la casa de cambio

menjačnica

el oro

zlato

la plata

srebro

el petróleo

nafta

la energía

energija

el precio

cena

el contrato

ugovor

el impuesto

porez

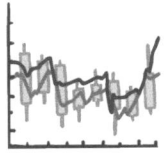

la acción

deonica

trabajar

raditi

el empleado

službenik

el empleador

poslodavac

la fábrica

fabrika

el negocio

prodavnica

las ocupaciones
zanimanja

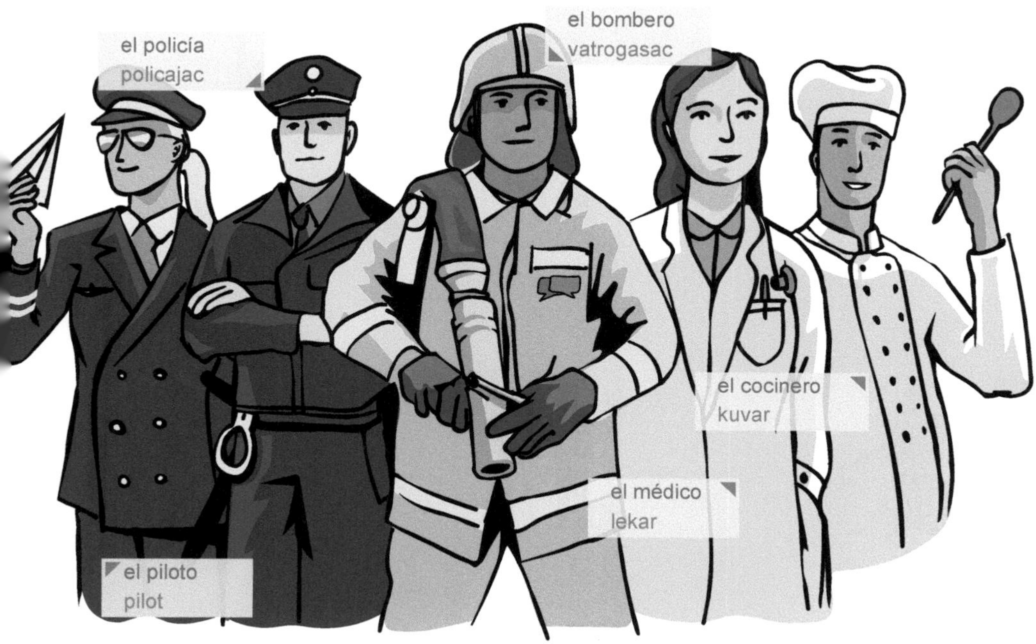
el policía
policajac
el bombero
vatrogasac
el cocinero
kuvar
el médico
lekar
el piloto
pilot

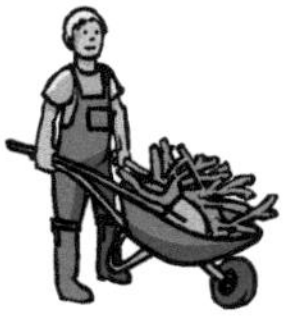

el jardinero

vrtlar

el carpintero

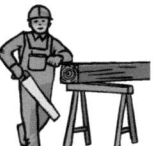

stolar

la modista

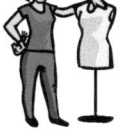

krojačica

el juez

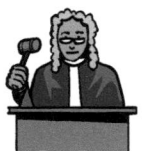

sudija

el farmacéutico

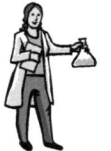

hemičar

el actor

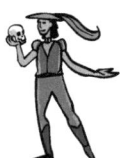

glumac

el colectivero

vozač autobusa

el taxista

vozač taksija

el pescador

ribar

la mucama

čistačica

el techista

krovopokrivač

el mozo

konobar

el cazador

lovac

el pintor

slikar

el panadero

pekar

el electricista

električar

el albañil

građevinski radnik

el ingeniero

inženjer

el carnicero

mesar

el plomero

limar

el cartero

poštar

las ocupaciones - zanimanja

el soldado

vojnik

el arquitecto

arhitekta

el cajero

blagajnik

el florista

cvećar

el peluquero

frizer

el cobrador

kondukter

el mecánico

mehaničar

el capitán

kapetan

el dentista

zubar

el científico

naučnik

el rabino

rabi

el imán

imam

el monje

monah

el sacerdote

svećenik

las herramientas
alati

el martillo
čekić
la tenaza
klešta
el destornillador
odvijač
la llave
ključ za zavrtnje
la linterna
džepna lampa

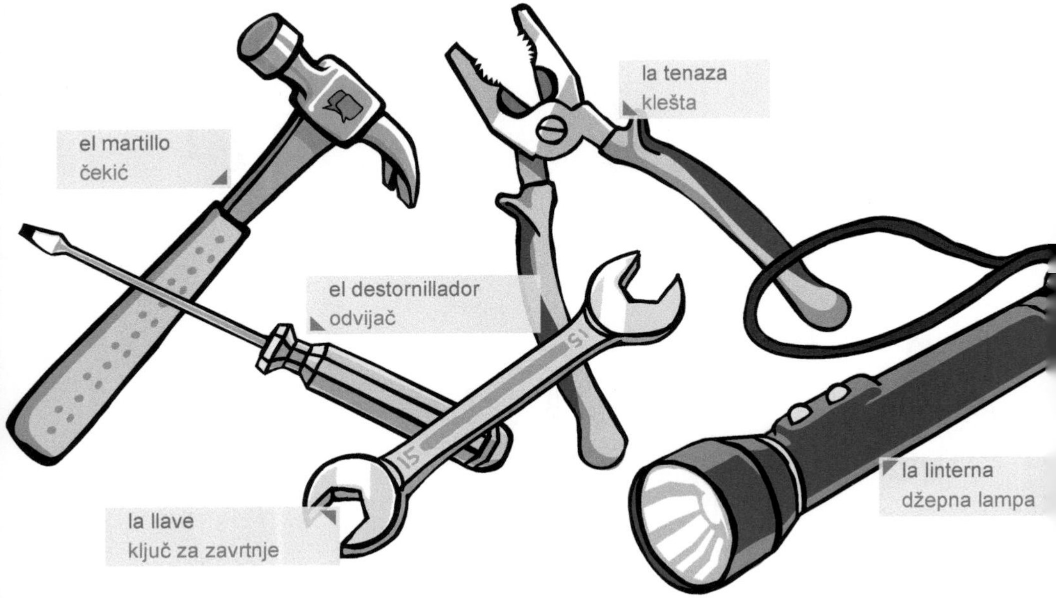

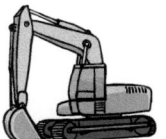

la excavadora

bager

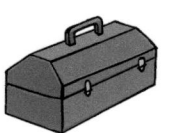

la caja de herramientas

kutija za alat

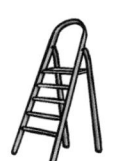

la escalera portátil

merdevine

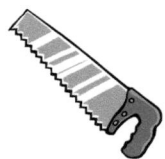

la sierra

pila

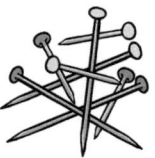

los clavos

ekser

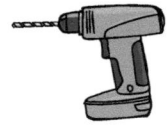

el taladro

bušilica

arreglar

popraviti

la pala de jardín

lopata

¡Qué bronca!

do đavola!

la pala de plástico

lopatica

el tacho de pintura

lonac za boju

los tornillos

zavrtanji

los instrumentos musicales
muzički instrument

el parlante
zvučnik

la batería
bubnjevi

la guitarra
gitara

el contrabajo
kontrabas

la trompeta
truba

el piano

klavir

el violín

violina

el bajo

bas

los timbales

timpani

el tambor

udaraljke za bubnjeve

el teclado

tipke klavira

el saxofón

saksofon

la flauta

flauta

el micrófono

mikrofon

el zoológico

zoološki vrt

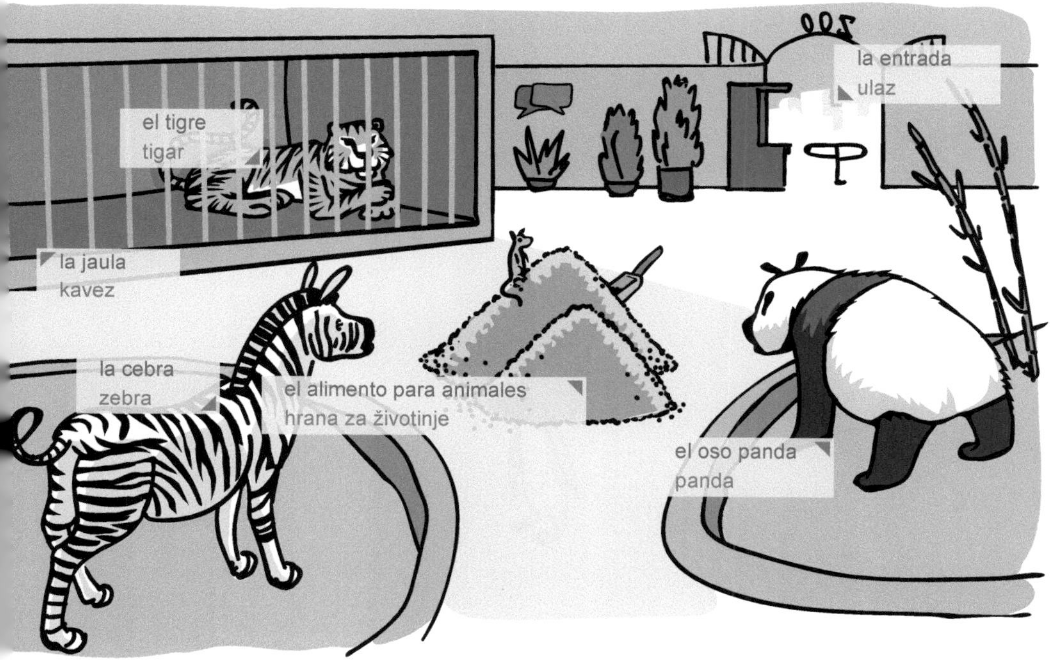
la entrada
ulaz
el tigre
tigar
la jaula
kavez
la cebra
zebra
el alimento para animales
hrana za životinje
el oso panda
panda

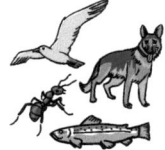

los animales

životinje

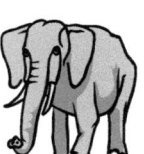

el elefante

slon

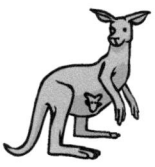

el canguro

kengur

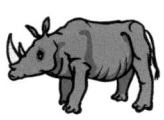

el rinoceronte

nosorog

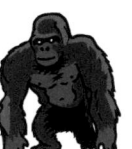

el gorila

gorila

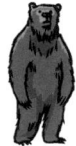

el oso

medved

el camello

kamila

el avestruz

noj

el león

lav

el mono

majmun

el flamenco

flamingo

el loro

papagaj

el oso polar

polarni medved

el pingüino

pingvin

el tiburón

ajkula

el pavo real

paun

la serpiente

zmija

el cocodrilo

krokodil

el cuidador del zoológico

čuvar u zoološkom vrtu

la foca

tuljan

el jaguar

jaguar

el poni

poni

el leopardo

leopard

el hipopótamo

nilski konj

la jirafa

žirafa

el águila

orao

el jabalí

divlja svinja

el pescado

riba

la tortuga

kornjača

la morsa

morž

el zorro

lisica

la gacela

gazela

el fútbol americano
američki nogomet

el ciclismo
biciklizam

el tenis
tenis

el básquet
košarka

la natación
plivanje

el boxeo
boks

el hockey sobre hielo
hokej na ledu

el fútbol
fudbal

el bádminton
badminton

el atletismo
atletika

el handball
rukomet

el esquí
skijanje

el polo
polo

reír
smejati se

saltar
skočiti

abrazar
zagrliti

caminar
ići

cantar
pevati

soñar
sanjati

rezar
moliti se

besar
poljubiti

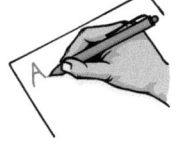

escribir
pisati

dibujar
crtati

mostrar
pokazati

presionar
gurati

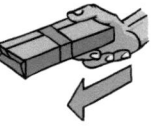

dar
dati

tomar
uzeti

tener

imati

hacer

činiti

ser

biti

estar parado

stojati

correr

trčati

tirar

povlačiti

tirar

baciti

caer

padati

estar acostado

ležati

esperar

čekati

llevar

nositi

estar sentado

sediti

vestirse

oblačiti

dormir

spavati

despertar

probuditi se

mirar

gledati

llorar

plakati

acariciar

milovati

peinar

češljati

hablar

govoriti

entender

razumeti

preguntar

pitati

escuchar

slušati

beber

piti

comer

jesti

ordenar

pospremiti

amar

voleti

cocinar

kuhati

manejar

voziti

volar

leteti

navegar

ploviti

calcular

računati

leer

čitati

aprender

učiti

trabajar

raditi

casarse

venčati se

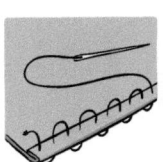

coser

šiti

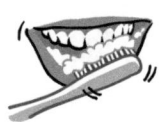

cepillarse los dientes

prati zube

matar

ubiti

fumar

pušiti

enviar

poslati

la abuela
baka

el abuelo
deda

el padre
otac

la madre
majka

el bebé
beba

la hija
kćerka

el hijo
sin

el invitado

gost

la tía

tetka

el tío

ujak, stric

el hermano

brat

la hermana

sestra

el cuerpo
telo

la frente
čelo
el ojo
oko
el hombro
rame
el dedo
prst
la cara
lice
la pera
brada
la mano
ruka
la pierna
noga
el pecho
grudi
el brazo
ruka

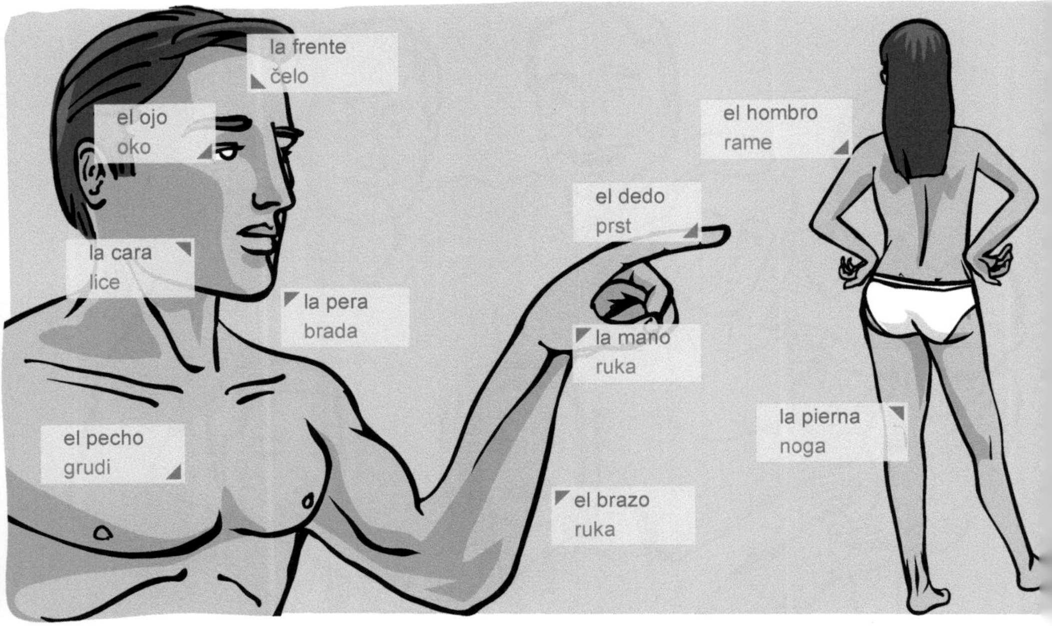

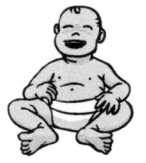

el bebé

beba

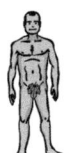

el hombre

muškarac

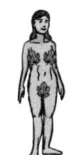

la mujer

žena

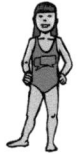

la nena

devojčica

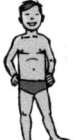

el nene

dečak

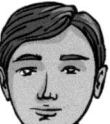

la cabeza

glava

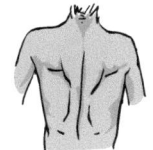

la espalda
leđa

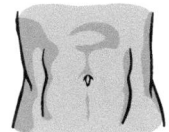

la panza
stomak

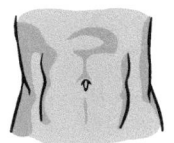

el ombligo
pupak

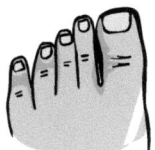

el dedo del pie
nožni prst

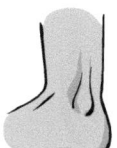

el talón
peta

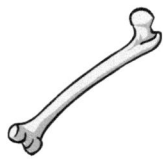

el hueso
kost

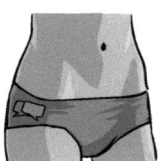

la cadera
kukovi

la rodilla
koleno

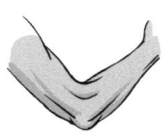

el codo
lakat

la nariz
nos

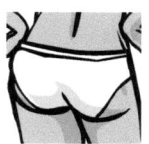

la cola
zadnjica

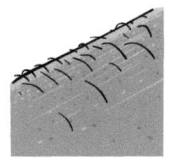

la piel
koža

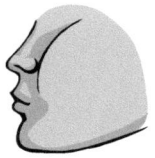

el cachete
obraz

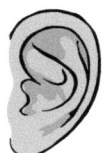

la oreja
uvo

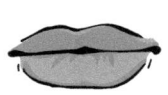

el labio
usna

la boca

usta

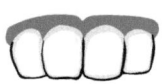

el diente

zub

la lengua

jezik

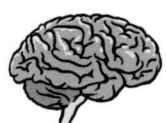

el cerebro

mozak

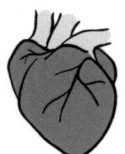

el corazón

srce

el músculo

mišić

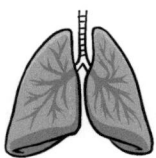

el pulmón

pluća

el hígado

jetra

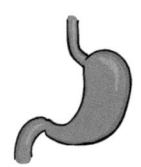

el estómago

želudac

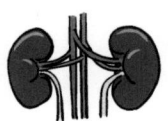

los riñones

bubrezi

el sexo

polni odnos

el preservativo

kondom

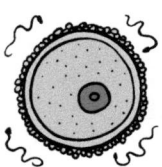

el óvulo

jajna ćelija

el semen

sperma

el embarazo

trudnoća

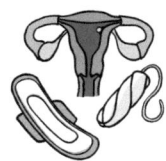

la menstruación

menstruacija

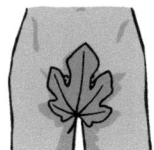

la vagina

vagina

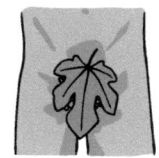

el pene

penis

la ceja

obrva

el pelo

kosa

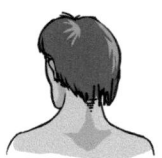

el cuello

vrat

el hospital
bolnica

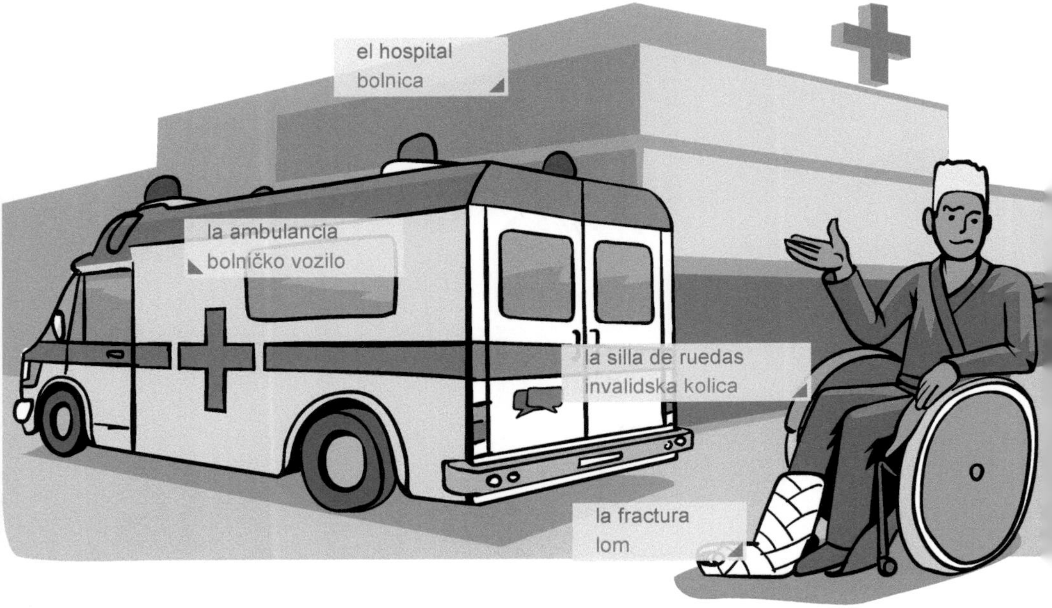

la ambulancia
bolníčko vozilo

la silla de ruedas
invalidska kolica

la fractura
lom

el médico

lekar

la sala de guardia

hitna medicinska služba

la enfermera

medicinska sestra

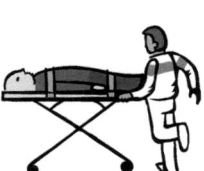

la emergencia

hitni slučaj

inconsciente

nesvest

el dolor

bol

la lesión
povreda

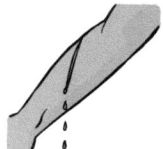

la hemorragia
krvarenje

el infarto
srčani udar

el ACV
udar

la alergia
alergija

la tos
kašalj

la fiebre
groznica

la gripe
gripa

la diarrea
proliv

el dolor de cabeza
glavobolja

el cáncer
rak

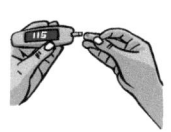

la diabetes
dijabetes

el cirujano
hirurg

el bisturí
skalpel

la operación
operacija

la TC

ct

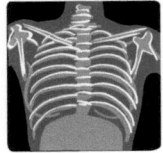

los rayos x

rentgen

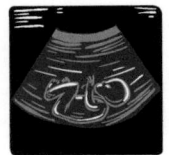

la ecografía

ultrazvuk

el barbijo

maska

la enfermedad

bolest

la sala de espera

čekaona

la muleta

štaka

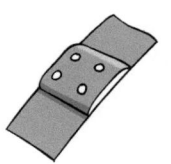

la curita

flaster

la venda

zavoj

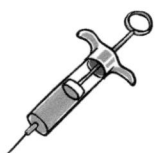

la inyección

injekcija

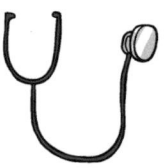

el estetoscopio

stetoskop

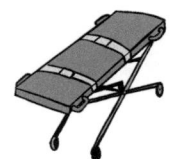

la camilla

nosila

el termómetro

termometar

el nacimiento

rođenje

el sobrepeso

prekomerna težina

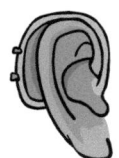

el audífono

slušni aparat

el desinfectante

sredstvo za dezinfekciju

la infección

infekcija

el virus

virus

el VIH / SIDA

HIV / AIDS

el remedio

medicina

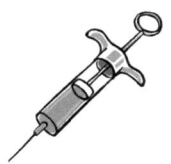

la vacunación

vakcinacija

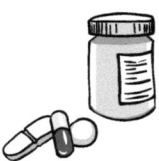

los comprimidos

tablete

la pastilla anticonceptiva

pilula

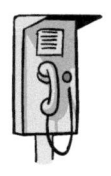

llamada de emergencia

hitni poziv

el tensiómetro

uređaj za merenje pritiska

enfermo / sano

bolesno / zdravo

¡Ayuda!

pomoć!

la alarma

alarm

la agresión

nasrtaj

el ataque

napad

el peligro

opasnost

la salida de emergencia

izlaz u slučaju nužde

¡Fuego!

požar!

el matafuego

protivpožarni aparat

el accidente

nezgoda

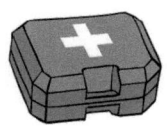

el botiquín de primeros auxilios

kutija prve pomoći

el SOS

sos

la policía

policija

Europa

Evropa

América del Norte

Severna Amerika

América del Sur

Južna Amerika

África

Afrika

Asia

Azija

Australia

Australija

el Atlántico

Atlantik

el Pacífico

Pacifik

el Océano Índico

Indijski okean

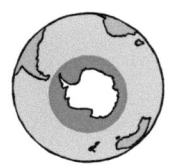

el Océano Antártico

Antarktički okean

el Océano Ártico

Arktički ocean

el polo norte

Severni pol

el polo sur

Južni pol

la Antártida

Antarktik

la Tierra

zemlja

la tierra

zemlja

el mar

more

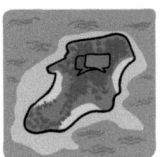

la isla

otok

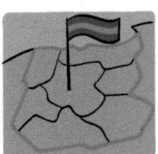

la nación

nacija

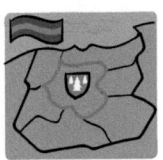

el estado

država

la esfera

brojčanik sata

la manecilla de las horas

satna kazaljka

el minutero

minutna kazaljka

el segundero

sekundna kazaljka

¿Qué hora es?

Koliko je sati?

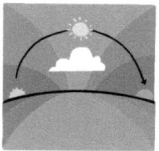

el día

dan

la hora

vreme

ahora

sada

el reloj digital

digitalni sat

el minuto

minuta

la hora

čas

la semana

sedmica

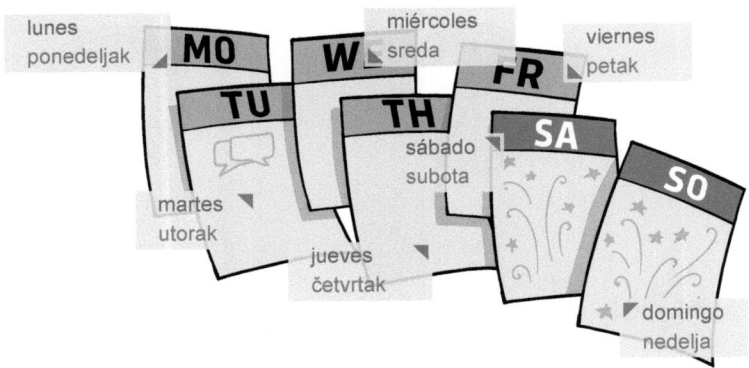

lunes
ponedeljak

miércoles
sreda

viernes
petak

martes
utorak

jueves
četvrtak

sábado
subota

domingo
nedelja

ayer

juče

hoy

danas

mañana

sutra

la mañana

jutro

el mediodía

podne

la tarde

veče

MO	TU	WE	TH	FR	SA	SU
1	2	3	4	5	6	7
8	9	10	11	12	13	14
15	16	17	18	19	20	21
22	23	24	25	26	27	28
29	30	31	1	2	3	4

los días hábiles

radni dani

MO	TU	WE	TH	FR	SA	SU
1	2	3	4	5	6	7
8	9	10	11	12	13	14
15	16	17	18	19	20	21
22	23	24	25	26	27	28
29	30	31	1	2	3	4

el fin de semana

vikend

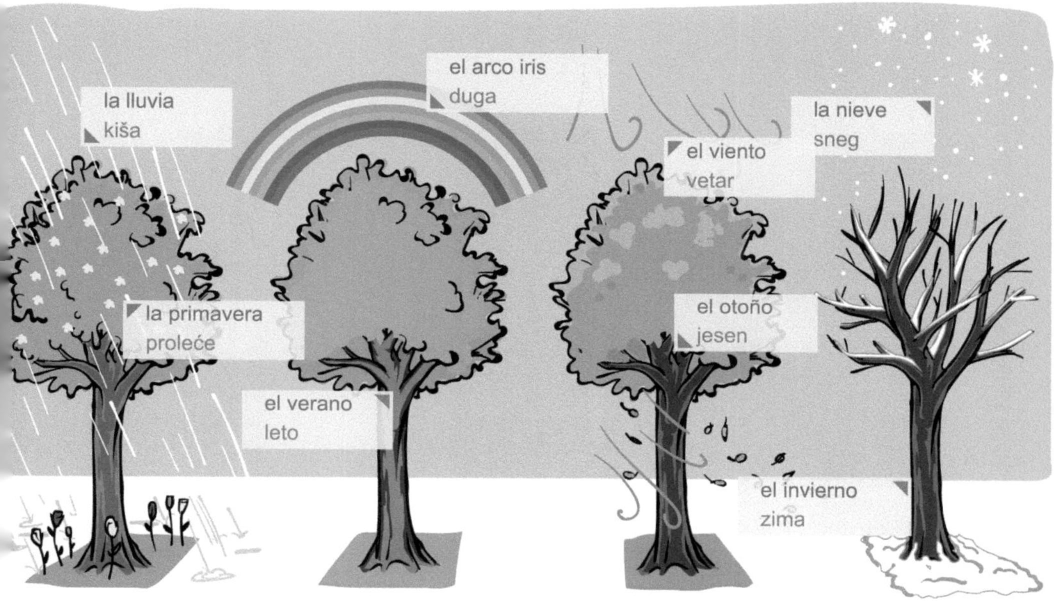

la lluvia
kiša
el arco iris
duga
la nieve
sneg
el viento
vetar
la primavera
proleće
el otoño
jesen
el verano
leto
el invierno
zima

4.APRIL 11°
5.APRIL 4°
6.APRIL 13°
7.APRIL 8°
8.APRIL 10°

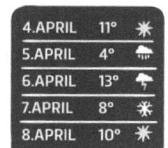

pronóstico meteorológico

meteorološka prognoza

F
C

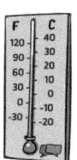

el termómetro

termometar

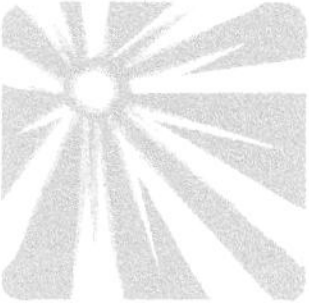

la luz del sol

sunčana svetlost

la nube

oblak

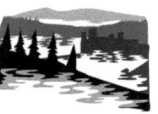

la niebla

magla

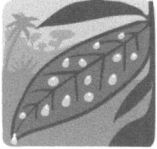

la humedad

vlažnost vazduha

el rayo

munja

el trueno

grmljavina

la tormenta

oluja

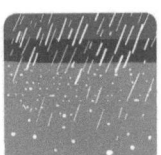

el granizo

tuča

el monzón

monsun

la inundación

poplava

el hielo

led

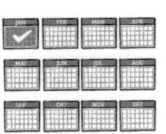

enero

januar

febrero

februar

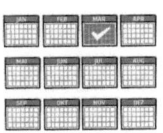

marzo

mart

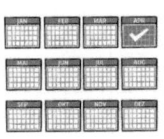

abril

april

mayo

maj

junio

juni

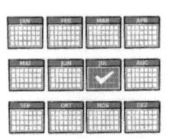

julio

juli

agosto

avgust

el año - godina

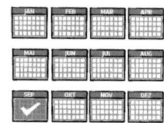

septiembre
....
septembar

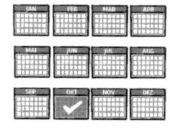

octubre
....
oktobar

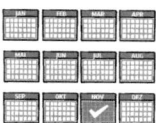

noviembre
....
novembar

diciembre
....
decembar

las formas
oblici

el círculo
....
krug

el cuadrado
....
kvadrat

el rectángulo
....
pravougao

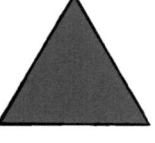

el triángulo
....
trougao

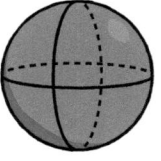

la esfera
....
kugla

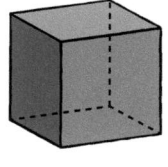

el cubo
....
kocka

blanco
·················
bela

amarillo
·················
žuta

naranja
·················
narandžasta

rosa
·················
ružičasta

rojo
·················
crvena

violeta
·················
ljubičasta

azul
·················
plava

verde
·················
zelena

marrón
·················
smeđa

gris
·················
siva

negro
·················
crna

mucho / poco

mnogo / malo

enojado / tranquilo

ljutito / mirno

lindo / feo

lepo / ružno

el principio / el fin

početak / kraj

grande / chico

veliko / maleno

claro / oscuro

svetlo / tamno

el hermano / la hermana

brat / sestra

limpio / sucio

čisto / prljavo

completo / incompleto

potpuno / nepotpuno

el día / la noche

dan / noć

muerto / vivo

mrtvo / živo

ancho / angosto

široko / usko

comestible / no comestible

jestivo / nejestivo

malo / amable

zlo / dobro

entusiasmado / aburrido

uzbuđeno / dosadno

gordo / flaco

debelo / mršavo

primero / último

na početku / na kraju

el amigo / el enemigo

prijatelj / neprijatelj

lleno / vacío

puno / prazno

duro / blando

tvrdo / mekano

pesado / liviano

teško / lagano

el hambre / la sed

glad / žeđ

enfermo / sano

bolesno / zdravo

ilegal / legal

ilegalno / legalno

inteligente / estúpido

pametno / glupo

izquierda / derecha

levo / desno

cerca / lejos

blizu / daleko

nuevo / usado
novo / polovno

nada / algo
ništa / nešto

viejo / joven
staro / mlado

encendido / apagado
uključeno / isključeno

abierto / cerrado
otvoreno / zatvoreno

silencioso / ruidoso
tiho / glasno

rico / pobre
bogato / siromašno

correcto / incorrecto
tačno / pogrešno

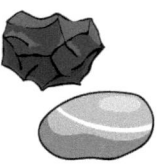

áspero / suave
hrapavo / glatko

triste / contento
tužno / sretno

corto / largo
kratko / dugo

lento / rápido
polako / brzo

mojado / seco
mokro / suho

caliente / frío
toplo / hladno

guerra / paz
rat / mir

0

cero

nula

1

uno

jedan

2

dos

dva

3

tres

tri

4

cuatro

četiri

5

cinco

pet

6

seis

šest

7

siete

sedam

8

ocho

osam

9

nueve

devet

10

diez

deset

11

once

jedanaest

12
doce
dvanaest

13
trece
trinaest

14
catorce
četrnaest

15
quince
petnaest

16
dieciséis
šestnaest

17
diecisiete
sedamnaest

18
dieciocho
osamnaest

19
diecinueve
devetnaest

20
veinte
dvadeset

100
cien
stotinu

1.000
mil
hiljadu

1.000.000
el millón
milion

los idiomas
jezici

el inglés

engleski

el inglés americano

američki engleski

el chino mandarín

mandarinski kineski

el hindi

hindski

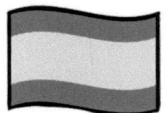

el español

španski

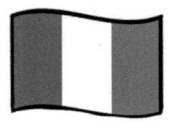

el francés

francuski

el árabe

arapski

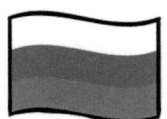

el ruso

ruski

el portugués

portugalski

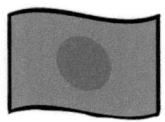

el bengalí

bengalski

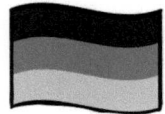

el alemán

nemački

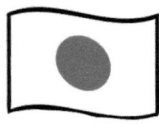

el japonés

japanski

yo

ja

vos

ti

él / ella

on / ona / ono

nosotros

mi

ustedes

vi

ellos

oni

¿quién?

Ko?

¿qué?

Šta?

¿cómo?

Kako?

¿dónde?

Gde?

¿cuándo?

Kada?

el nombre

ime

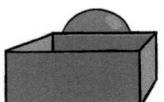

detrás

iza

en

u

adelante de

ispred

por encima de

preko

sobre

na

debajo de

ispod

al lado de

pored

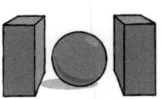

entre

između

el lugar

mesto